우리의 동그라미 지구

우리의 동그라미 지구

숨 시리즈 11

김지현 에세이

우리의 동그라미 지구

①

당연한 듯 무심한 친절을 마주할 때 이런 것들이 동글동글 뭉쳐서 모여서 지구가 된 것 같다고 생각해 아기를 안고 있는 사람 앞에서 문을 열어 주고 잡아 주는 어린 학생의 모습과 버스에 오른 어르신의 모종이 담긴 상자를 보고 풀린 끈을 묶어 주는 기사님의 모습 같은 거. 말 한번 나눈 적 없지만 어제도 오늘도 마주쳐 낯익은 얼굴들이 반갑고 어떤 우울도 당신을 해칠 수 없고 숲이 되어 주겠다는 노랫말이 무수히 아름다워 말했잖아 이런 찰나의 순간들을 놓치지 않기 위해 살 거라고 녹색으로 푸른 계절 우리의 하루에 너에게도 나에게도 살아야 할 이유가 자꾸만 생겨나길 기도해 퇴근길 버스에서 고요했던 평화와 정신없지만 활기찬 아이들의 목소리를 떠올리며 썼어 우리의 지구는 둥그니까 아직은 우리의 친절과 사랑이 미움보다 더 커다랗다고 믿어 은은하고 단호한 사랑으로 파이를 키워 나가자 지구는 물론 태양계를 견줄 만큼 커다랗게 동그랗게

②

맑고 따스한 햇살 아래 가만히 있다가 울음이 날 것 같은 날이 있습니다. 우리가 같이 이 좋은 볕에 몸을 말릴 시간이 있었으면 좋겠다고 바랍니다. 이런 날은 모나고 깨끗하지 못한 마음이 숨겨지지 않습니다. 햇살 아래 잘 마르고 소독되어 더는 숨길 필요가 없는 것이 되면 좋겠습니다. 나의 햇빛은 노랑색입니다. 내가 사랑한 집들은 해가 잘 들었습니다. 햇빛과 함께 이는 잔바람을 그리워합니다. 햇살이 가득 내려앉은 땅에서 나는 흙냄새도 좋아합니다. 의연하고 싶은 마음과 칭얼거리고 싶은 마음이 동시에 들 수도 있나요. 해와 나 사이에 거리가 너무 멀게 느껴질 때면 그림자와 맞닿도록 손끝을 댑니다. 나무 책상 아래 무릎에 온기가 듭니다. 작은 새의 소리가 들리고 소나무 나뭇가지 위를 청설모가 지나갔습니다. 삐딱한 자세로 의자에 앉아 해가 드는 창문을 보고 있습니다. 햇살이 좋은 날입니다. 울음을 숨길 수는 없지만 눈물이 잘 마를 것 같은 날입니다.

우리의 동그라미 지구

③

날이 풀려 공기가 미지근해지면 눈 대신 비가 내린다. 비가 오고 먼지 냄새가 나다 다시 추워져 온몸이 시큰거린다. 내가 사랑한 것들과 나를 사랑한 것들을 생각한다. 나를 키운 것들이 나를 망친 것들이 나를 살게 한 것들이 나를 울게 한 것들이 같은 것인지 다른 것인지 둘러본다. 경계는 모호하고 일련의 사건들은 접점을 이루고 있다. 예전만큼은 뒤로 걷지 않는다. 그럴 필요 없이 지난 날에 멈춰 있는지도 모른다. 체감하지 못할 뿐 저 멀리 나아가 있는 걸지도 모른다. 좋은 일들은 매년 다시 돌아오는 계절 같다. 단조로운 일상도 지나치게 새로운 경험도 어렵지만 포기하고 싶진 않다. 듣고 싶은 소식을 찾다가 눈을 감고 뜨고 숨 쉬는 순간 하나하나가 나의 듣고 싶은 소식이 될 수 있는지 생각한다. 당신이 듣고 싶은 소식 중 사소하지만 기분 좋은 하나가 나일 수 있을지 고민한다. 사람들의 마음이 눈에 보인다. 눈에 보일 때마다 감히 추측하고 감당할 수 없이 밀려와 울기도 한다. 착각과 오해일 수도 있는 것들에 기대어 살고 있다.

우리를 둘러싼 마음을 명명하기 위해 사전을 찾아본다.

사랑[명사]
1. 어떤 사람이나 존재를 몹시 아끼고 귀중하게 여기는 마음. 또는 그런 일.
2. 어떤 사물이나 대상을 아끼고 소중히 여기거나 즐기는 마음. 또는 그런 일.
3. 남을 이해하고 돕는 마음. 또는 그런 일.

우리를 지키는 방법으로 마음속에서도 밖에서도 사랑이 자라나길 기도한다. 나의 미지근하고 먼지 섞인 모자란 마음을 잘 만지어, 은은하고 선명한 사랑을 보낸다. 시큰한 날에도 과분히 받은 사랑을 아는 사람이 되고 싶다. 우리가 사는 우주에는 그만큼의, 천문학적인 숫자의 사랑이 살아 있다고 믿는다. 가루처럼 잘게 부서진 마음에는 작은 비를 내리고 뭉쳐 굴린다. 동글동글. 사랑과 비슷한 모양이 되도록.

우리의 동그라미 지구

④

눈이 오는 날에는 검정 옷을 입을까요. 눈을 처음으로 맞는 것은 아니지만 어깨에 내려앉은 별들이 신기해서 지켜봤다. 톡-하는 소리와 함께 깨지거나 안착하는 하얀 것들은 나의 어깨에 팔에 몸통에 다리에 우주를 만들지도 모른다는 착각. 재밌어하며 아까워하며 쌓이는 눈을 털어 내니 회사 앞 동산 빌라가 보인다. 나는 반복되는 장면들 속에서 지난날과 같은 것, 지난날과 다른 것을 궁금해한다. 저마다 사람들의 걸음과 미끄러운 바닥과 골목에서 마주친 어르신과 눈을 감았다 뜨는 사이 사라진 벽돌 집의 하얀 연기. 뿌연 회색의 하늘. 왼쪽 작은 창가 밖으로 듬성듬성한 뒷산에도 눈이 온다. 흩날린다. 녹지 않은 눈밭에 남은 발자국들은 새 눈이 오면 지워지나. 오늘 10시 00분 대설주의보 발효. 눈길 안전에 주의하시기 바랍니다. 작년에 들어온 책들을 아직 내보내지 못해서 검색창에 2023을 적는다. 벌써 2024 일주일 하고도 이틀. 작은 보라색.

지난 고된 밤은 잘 건너 오셨나요.
잔 걱정에 편지를 씁니다.
두꺼워진 겉옷에 눌러붙은 먼지가 재채기를 나게 하는,
열이 나고 목이 아픈 계절이에요.
몸은, 그리고 마음은 괜찮으신가요.

아플 때면 괴로움을 쥐어짜 적는 글들이 있습니다. 얼마 전 새벽에 울면서 쓴 문장은 각각 제멋대로라 이어지지 않길래 그대로 남겨 두었어요. 아침에 다시 읽으면 부끄러운 마음이 되어 버리지만 두고두고 고민해요. 어떻게든 그럴듯하게 만들고 싶지만 마무리의 기약은 없습니다.

담긴 감정이 처참한 글은 지나치게 사적인가요. 불행을 팔고 싶지 않은 마음과 동시에 미안하지만 나의 괴로움을 지켜보고 싶다던 친구의 말이 빙빙 돕니다. 그저 투정을 하게 되는 날이 빈번해서 오히려 더 푹 꺼지고 마는 날이 있어요. 마음이 말라붙는지 축축해지는지 제대로

우리의 동그라미 지구

알지 못하곤 합니다.

뒹굴고 싶지 않을 때는 친구들에게 배운 다정함을 떠올려요. 친구들의 마음을 하나하나 읽을 때면 새로운 별을 하나하나 찾아내는 것 같습니다. 그들처럼 목격한 아름다운 장면을 충분히 묘사할 수 있는 능력이 있었으면 좋겠다고 생각해요. 부러워하고 고마워합니다. 좋은 자극이라고 생각해요. 인간은 저마다 다른 표현을 할 수 있는 존재라는 게 신기합니다.

이틀간 출근해서 맨 아랫단에 걸쳐 두던 블라인드를 창문 끝까지 올려 봤는데 그동안 몰랐던 오후의 햇빛이 선명하게 들어오더라고요. 하얀 벽에 생긴 빛의 경계와 뿌옇지만 유리창 너머로 보이는 풀숲의 대비가 아이보리와 진한 초록이었습니다. 눈은 착시에 잘 속아 버리지만 저는 색깔로 세상을 단순하게 구분 짓는 일을 좋아해요. 물론 다채로운 색의 스케일을 다 알지 못하니까 몇 개의 색만 볼 뿐이지만요. 네모 속 공간이 평소보다 조금 커진 것뿐이었는데 마음도 조금은 깨끗해지더군요.

금방 씩씩해졌다가도 순식간에 아니기도 하니까. 사실은 괜찮은지 아닌지 구분이 안 되어서 제가 적은 질문에 스스로 답을 못하고 있지만요. 낮은 기온과 찬 공기 덕분에 상쾌하기도 한 때니까요. 잠깐 볕이 들 때마다 익숙한 습관처럼 먼지를 털어 내고 깨끗한 마음이길 바랍니다. 흐리고 맑은 마음을 담아 보냅니다.

우리의 동그라미 지구

⑥

기저에 사랑하는 것들을 많이 두면, 작고 사소한 것들을 지나치지 않고 목격해서 관찰해서 사랑하기 시작하면 날마다 기쁜 일이 자꾸만 생긴다. 삶이 꼭 슬프지 않아야 하는 것은 아니지만 슬픔은 애쓰지 않아도 우리를 괴롭히기 위해 사방에서 피어나기에. 우리는 우리가 사랑하는 방식을 사랑하면서 사랑을 깨닫는 무수한 경험으로 우울을 이겨 내면서. 알아 가면서.
길을 걷다가 우두커니 서서 피부를 스치는 바람의 느낌을 온전히 글로 전할 수 있을지 고심한 적이 있다. 바람의 온도와 계절과 옷차림과 시간과 햇빛과 그림자, 이어폰 속 음악. 순간을 둘러싼 모든 요소가 하나하나마다 같을 수 없어서 오로지 그 찰나에 존재하는 것들. 이런 것들을 느껴지는 그대로 적어 내는 날이 올까? 가만히 지켜보면 떠오르는 말들이 매번 비슷해서 나의 한계를 알아챈다. 그래도 그중에 고르고 골라 이리저리 적고 지겹도록 마음에 대해서 파고들어 보면 내가 아끼는 것들. 좋아하는 것들. 사랑하는 것들. 알아 가는 것들. 찰나의 순간에 존재하는 것들. 그것들이 머무르고 남긴 유효함이 나의 필요와 맞닿길 바라면서.
사랑할 것들이 무수하다. 사랑하기로 결심한다면

빛만큼이나 빠르게 스쳐 가는 것들을 이어서 영원보다도
길게 살 것처럼. 운동장 모서리 녹지 않은 눈.

우리의 동그라미 지구

⑦

동산 빌라 앞 주차장은 공사 중. 안전제일 하얀색 테이프가 파란 벽을 감싸고 있다. 촘촘히 쌓아 올린 마음까지 쉽게 바스러져서 여기도 오래도록 공사 중. 지붕이 낮은 백반집에는 사장님의 오랜 지인과 근처 공사장의 어른들이 온다. 음식을 주고받는 손길과 같은 방향의 안부 인사가 적당히 오고 간다. 상을 치우다가 누가 두고 간 안전모를 발견하면 사장님이 다급하게 나간 손님을 부르는데. 다른 손님들의 추임새와 당사자의 머쓱한 인사 같은 것들이 이어져 귓속에 드는 작은 소란이 된다. 쉽게 웃음이 난다. 골목 사이- 빙빙 도는 지구가 만들어 낸 노랗고 파랗고 붉은 주황빛의 하늘 아래에 닿아 들이마시는 숨. 공기가 목을 타고 뱃속까지 내려간다. 숨을 쉰다. 볕이 좋은 어떤 날 점심에는 괜히 먼 길을 돌아가는데. 각자의 세계에서 사랑하는 방법을 배우고 사랑을 주고받는 것에 익숙해지면 우리의 공간은 뜯어고칠 필요가 없어지려나. 안전하고 아늑하려나. 두고 간 마음의 주인을 찾다가 떠난 모습과 비슷한 그림자를 따라가면 나의 발자국만 몇 번씩. 낯설지 않은 골목, 사람

들의 걸음. 동산 빌라 앞 주차장은 여전히 공사 중. 안전 제일

우리의 동그라미 지구

⑧

이번 연말은 기쁨과 울적함이 자주 뒤바뀌어서. 때마다 문장으로 남기고 싶은 마음이 있었지만 글자가 맘에 들지 않아 미루고 미루다 몇 자 적습니다. 차가운 숨이 이내 더운 호흡이 되었던 공연장에서는 이런 것들을 만끽하기 위해 살아야겠다는 은은한 다짐을 했고. 종종 눈을 감고 반짝이는 트리와 겹쳐진 악기들을 떠올려요. 스탬프 모으듯 하나하나 찍어 낸 일들에는 함께해 준 친구들이 있어서 글자 그대로 행복했고요. 이루 말할 수 없는 고마움은 모두 여기에 있습니다. 분명한 하나의 이유만으로 해낸 일들이 있어요. 단순하게 구는 방법을 배웠고 태어나 처음 해 본 것들이 정말 정말 많은데 모두 즐거웠어요. 나의 기쁨은 선명히 느껴지는 "살고 싶다"는 감각으로부터 오는데. 사랑하는 사람들에게 "덕분에 살고 싶은 계절"이라고 자주 말할 수 있던 날들이어서 기쁩니다. 누군가에게서 어떤 좋은 마음을 받으면 나의 어딘가에 남아서 그와 비슷한 마음을 쓸 줄 알게 되는 것 같아요. 그렇게 마음이 조금 자라서 뿌듯한 겨울입니다. 시간이 갈수록 마음에 드는 점이 있다면, 좋은 감정들을 티

나게 표현할 수 있게 되는 것. 좋아한다는 말이 덜 부끄러워져요. 다만 이런 마음이 부담이 아니었으면 해서 서로에게 느끼는 마음의 시간이 비슷하길 바라게 됩니다. 마음을 무난히 적당히 잘 쓰는 방법은 언제쯤 알게 될까요. 아직도 배우고 자라야 할 날들이 많습니다. 마디가 일주일쯤 남아 있어요. 우리의 연말을 단단히 마무리할까요. 하고 싶은 말이 자주 떠오르면 좋겠습니다. 우리의 무수한 행운과 건강을 빕니다. 고맙습니다.

우리의 동그라미 지구

○9

해가 뜨지 않길 바라서 그러니까 분명하게 말하자면 지구가 돌지 않았으면 해서 깜깜하고 고요히 찬 공기를 붙잡고 있어. 타인을 사랑하는 마음. 다수의 목소리가 같은 이름을 부르는 장면이 얼마나 따뜻한지 알아? 같은 공간에서 다르고 같은 것들을 떠올리는 우리는 이런 말도 안 되는 마음을 어디서 배운 걸까. 동시에 나는 얼마나 부족하고 모자란 사람인 걸까. 덕분에 살아 있다고 영영 죽기 싫어졌다고 시간을 멈추고 싶고 매번 당신의 앞이나 뒤, 옆에 있고 싶다고 전하고 싶은 마음이 날마다 다섯 번씩 죽었다가 살아나. 마음은 진심이었다가 아니었다가 하면서 어떤 마음이든 고백하긴 싫어져. 이런 마음은 처절하잖아. 아무도 불편하게 하기 싫어서 아무것도 못하는 사람이 돼. 알지 그냥 이런 것도 저런 것도 나야. 그럼에도 사람들이 봐 주는 내가 가짜 같아서 찔릴 때가 있고, 나는 보다 못된 사람이라 멀쩡히 살아가려고 나의 결함을 숨기려고 애를 써. 실패하는 날이 훨씬 많지. 들이닥치는 마음들을 정리할 시간이 필요한데 너는 나를 두고 달려가니까 울게 되더라. 아, 나를 사랑하는 마음이 바닥난 것 같아. 나의 이름을 부르는 순간 끝없이 침몰해. 나는 나를 사랑하지 못하니까 타인에게 나를 사랑해 달라고 화를 냈어. 아무 소용도 없이. 아무 소용도 없이. 그럼에도 이토록 아름다운 우리여서 그게 나를 초라하게 만들곤 해. 장면을 그대로 삼키지 못하고 몇 번을 뱉어 내고 토해 낸 다음. 뱉어 낸 걸 쪼아먹고 다시. 기어코 한 번씩 출렁이고 말 때마다 멈춰 있고 싶었어. 그래도 지구는 돌지. 빙빙.

우리의 동그라미 지구

⑩

발을 구르면 흙바닥이 움푹 파일 것 같이 질척질척했다가도 먼지가 날려서 온몸에 버석버석한 마른 미세한 모래가루가 기어다녀. 사람을 살게 하는 그 어떤 것조차 함부로 재단하지 말자고 다짐하게 된 밤에도 나는 나의 사는 이유가 초라해서 슬펐어. 오래오래 다르고 같은 시간을 살고 싶어. 마음이 끝까지 저 끝까지 미어져서 햇빛 아래 숨을 들이켜도 찬 공기가 속을 파고들어. 가슴 안쪽이 쓰리고 따가워서 손바닥으로 문질렀어. 뾰족뾰족한 마음이 마구 굴러서 속을 쑤셔 대면 저린 팔로 나를 끌어안았어. 네가 남긴 단서를 해석할 수 없을 때 기껏 구른 발이 딱딱한 아스팔트 그 위에서 짓이겨질 때 찌르는 듯한 고통이 발끝에서부터 머리끝을 뚫고 지나갈 때 어떤 마음이 욕심인 것만 같을 때 울었어. 살 방법이 그것밖에는 없는 것처럼.

⑪

빌고 빌어서 마음은 어디에나 있어. 고민하다가 단정한 말들을 적어 보면 꼭 다 거짓말 같아. 터무니없는 약속은 미워서 되도록이면 오래오래 보자고 둘러-둘러말했어. 기울지 않는 마음으로, 지지 않는 마음으로 살고 싶어서 삐딱한 자세를 고쳐 봐도 고개가 삐뚤어져. 좁은 속을 숨기려고 바깥에 솜들을 붙였어. 네가 보고 있는 구름 같은 나는 가짜야. 비를 먹으면 벗겨지는 솜들에 초라한 나만 남으니까 들키고 싶지 않아서 부단히 비를 피하려고 했어.(거짓말) 그래. 비를 맞고 축축한 바닥에 엎어진 나를 들키고 싶어서 비가 오는 날을 기다렸어. 시기가 어린 말들은 나의 솔직함이야. 너에게는 뭐든 좋은 걸 주고 싶은데 이런 나는 초라하고 서툴러서. 마음을 꺼내어 눌러쓰진 못하고. 속으로만 몇 번씩 고친 문장들로 보내지 않을 편지를 써. 마지막은 늘 '당신의 무수한 행운을 빌어요.' 그렇게 솜을 붙여서. 비가 오면 '내가 당신의 행운이 되고 싶어요.' '보고 싶어요.' '좋아해요.' 그런 말들이 읽히도록.

◠◯ ◌

우리의 동그라미 지구

⑫

이상한 사람처럼 보이려나. 집 앞 역에 내려서 가로등 몇 개 사이를 빙글빙글 몇 바퀴 돌며 걸어가는 기분이 새로워. 주황색 계단을 잰걸음으로 내려와 찬 공기를 들이마시고- 손을 뻗으면 벽돌 틈 모래들이 이어폰 속 노래에 맞춰 반짝이는 시간. 예전과는 사뭇 다른 느낌으로 눈물이 일렁일 때가 있어. 이 모든 것들이 과분해서 숨을 쉬는 하나하나의 호흡이 벅차서 이제야 눈에 담는 풍경이 낯설어서 어딘가 두고 온 마음이 보란 듯이 내게 돌아오는 것 같아서 그래. 여러 날 나에게 온 동그라미를 문지르다가 향을 맡다가 자꾸만 자꾸만 마음이 아득해져서 외롭지 않아서 지구는 이토록 다정한 행성이라서 당연히 동그랗게 살고 싶다고 생각해. 부족하고 모자라지만 서툴고 실수하지만 지켜봐 줄래? 감히 아무것도 모르면서 해 주고 싶은 말이 많아. 꺼내면 부담일까 봐 숨겨 두지만 언젠가 잘 다듬어 전하게 될까? 하늘색 하늘, 하얗고 파랗다가 이윽고 붉어지는. 차근차근 우리가 무사하고 평안하길 빌었어. 행복이라고 부를 수 있는 것들이 사소하고 많아지길 바라면서. 여태껏 몰랐던 새로운 계절이

와. 마음에 담고 싶은 것들이 넘치는 날들이야.

우리의 동그라미 지구

뛰어다니면서 남의 집 담장 위에 보리수를 따 먹은 적도 주변에 이렇게 많은 장미가 피는지 깨달은 적도 빗물로 불어난 강과 새들이 날아가는 장면을 목격한 적도 친구와 집에 가는 길이면 어느 지점에서 골목길로 갈라져 걷던 적도 자전거를 타다가 뒷바퀴가 터져 엎어진 적도 봄바람을 맞으며 축제가 열리는 공원까지 걸어간 적도 생일 선물로 받은 필름 카메라로 강과 풀을 찍어 본 적도 집이 지긋지긋해서 새벽에 뛰쳐나와 본 적도 방 안에서 기어코 엉엉 울었던 적도 까맣고 작은 벌레를 수십 번 잡아 본 적도 모기향을 피우고 다 타 버릴 때까지 잠들지 않은 적도 겨울바람에 눈보라가 휘몰아치는데 동생과 눈사람을 뭉쳐 본 적도 마당에서 캠핑한 적도 동네 친구 집 앞에서 매일 약속처럼 만났던 적도 작은 물가 다리 아래 흙바닥을 아지트라고 부른 적도 하얀 강아지들과 고양이들을 빤히 쳐다본 적도 창문으로 보이는 하늘을 누워서 가만히 바라본 적도 있어. 울었던 밤들과 문을 열면 토하고 쓰러질 것 같이 우울했던 날들과 그럼에도 초록색 파랗게 살고 싶었던 날들이 나를 여기에 있게 했어. 텃

밭에 자랐던 모난 딸기를 떠올려 해가 뜨고 지던 광경과 바람을 타고 옅게 느껴지던 물 냄새 같은 것들이 쉴 틈 없이 떠내려 와. 시간이 지나면서 무너져 간 담과 잘 키우지 못해 죽어 간 화분처럼 어찌할 도리 없이 밀려드는 마음 덕분에 이 동네에서 몇만 자의 글자를 적었어. 나는 얼마나 더 자라서 어디로 가게 될까. 방 안에 쌓이던 먼지와 지는 해가 스며들던 커다란 문. 그리울 거야 나의 어린 시절과 영영 어린 마음이. 나에게서 영영 벗어날 수 없을 것 같았던 동네를 떠나게 됐어. 고마웠어.

우리의 동그라미 지구

⑭

나무 아래서 잎 틈 사이 햇빛을 목격하는 것도 책을 옮기고 바코드를 붙이는 것도 강 앞에 무연히 서 있는 것도 좋아하는 가수의 공연장에서 소리를 지르고 날뛰는 것도 전부 다 나야 사람은 세상에 존재하는 모든 것들의 전달자가 아닌가 생각했어 문장으로 손끝으로 숨으로 걸음으로 마음을 이어 가며 넘겨 주며 사니까. 손톱을 깎고 머리를 자르고 단정히 마음을 빗으며 생각했어 어지러운 세상에서도 책임을 다하는 선량한 사람들 그 일부가 되고 싶어. 눈에 보이는 것만이 사실은 아니지만 우리는 바보라서 눈에 보이면 조금 더 잘 믿으니까. 내가 목도한 아름다운 장면이 너에게도 의미 있었으면 좋겠어. 묻고 싶어 나를 만나서 조금은 사는 게 재밌어졌는지.

⑮

짐 속에서 꺼낸 편지의 발신인은 너였어. 너의 이름이 입 속을 어색하게 굴러다니고 손바닥만 한 종이를 가득 채운 작은 글자들이 신기한데 어때 잘 지내고 있니? 네모난 화면 속에서 가끔 마주하는 모습에도 여전히 남아 있는 웃음이 사실은 내게 오래 간직되고 있었다는 게. 열일곱, 서로에 대해 모르던 우리는 교실 안에서 어떤 얘기를 나눴던 걸까. 봄이라는 계절에 태어난 나에게 적어 준 편지가 2023년 여름밤 다시 내 손에 잡혀 읽히기까지. 지나온 사람과 사건이 지금의 나를 만들었을까 시간이 흐르는 대로 정신없이 살고 있어 '어쩌면' 하고 가늠한 이별에는 속절없이 눈물이 나고 저마다의 불행 중 나의 것은 영영 누락되길 염원해. 얼마 전 너의 공연에 다녀온 친구가 있어. 칭찬을 잔뜩 하길래 전해 주고 싶은데 괜히 아는 척하는 민폐가 될까 봐 관뒀어. 그런 일상은 어떤지 궁금하다가 가만히 가만히 나의 하루를 들여다봤어. 바쁘게 지낸다는 거 좋은 것 같아. 그치만 지그시 눌러 읽던 문장들이 자꾸 날아가서 어떻게 할까 고민해. 오늘 적은 일기는 어느 마디가 되어 몇 년 뒤면 내게 쓴 오래된 편지

우리의 동그라미 지구

가 될까? 아아– 얼음을 배 위에 올려놓고 있어. 시원해. 달달거리는 선풍기 소리와 까만 벽을 등지고 이렇게 며칠은 내가 가진 의무로부터 도피. 그런 걸 한참 상상했어.

⑯

내가 보고 싶었던 적 있어? 그리움은 시효가 길대

꿈은 단정한 어른. 슬픔을 헤치우듯이 쓰지는 않으려고 해. 오래도록 물어서 아무 맛이 느껴지지 않을 때까지 기다려도 볼게. 입안이 까끌까끌 혀에 거슬리는 상처가 난 적도 있어. 불행을 뜯어먹고 자란 성장에는 흠집이 무수하지만 지구에 사는 단 한 사람도 이로부터 예외가 될 수 없으니까. 우리는 지구 사람이니까. 서로를 아프게 하다가도 결국은 같은 물질로 이루어져서 합쳐지고 마는지도 몰라. 흙으로 돌아가잖아. 우리 위에 나무와 풀이 자랄 거야. 외계의 언어 같은 음악을 읽고 춤을 췄어. 네가 서 있는 곳으로부터 한 걸음 계단을 내려와 동경과 사랑을 담아서 지켜봤어. 약속했어. 나는 항상 살고 싶었어 새로 살아나고 싶었어. 너에게 다른 생을 주고 싶어서 새로 태어나고 싶지 않냐고 묻고 싶었어. 비안개가 깔린 밤의 거리에는 불빛이 번져 만들어진 非선연한 장면들. 불투명한 세계. 부스스한 웃음이 났어 또렷하다는 감각은 온통 착각일지도 모르겠다면서 정확히는 알 수 없어. 빗물이

우리의 동그라미 지구

스민 바닥을 밟아 찰박거리는 소리. 마음은 이렇게 느닷없이 극복되기도 해. 흙으로 돌아가기 전까지 자주 춤을 추고야 마는 단정한 지구 사람이 되고 싶어.

⑰

밀린 편지를 적었어. 누구도 내게 시킨 적 없는 정말 마음을 전하고 싶어 문장을 쓰기 시작하니 예전에 사 온 이 편지지가 너무 작은 것 같아. 여름이라는 계절이 시작되어서는 두 번이나 발가락을 다치고 침울했던 날이 있었어 이 정도는 별것도 아닌데 마음이 잔뜩 무거워져서 엄한 곳에 화풀이를 하다가 떠올렸지 나 지금 햇빛을 봐야 할 것 같아. 일부러 뙤약볕 아래에 있었어 쨍쨍 내리쬐는 햇볕 아래 서서 땀이 삐질삐질 나는데 해를 볼 수 없는 사람들에 대해 생각했어. 이토록 축축하고 버거운 것들을 바싹 말릴 수 없는 사람들은 어떻게 살아야 해? 연민했어. 그럴 자격이 없다는 건 매우 잘 알고 있음에도. 살고 싶은 비참한 여름이야. 열 글자가 자주 떠올랐어. 장마가 시작되고서는 빗속에서도 비슷한 생각을 했어 비를 피할 수 없는 사람들은 어떻게 살아야 해? 하고. 가지런하지 못한 마음이 수치스러워 도망가고 싶어져 사랑을 전하는 방법이 서툴러서 실수할까 봐 무섭다? 그치만 사랑은 원래 때때로 어리석지. 알고 있어. 제법 바보 같겠지만 그 속에 담긴 진심을 알아 줄래? 우리의사랑이어디

우리의 동그라미 지구

에나있길. 이렇게 주문을 외우다가도, 여기사랑을두고갈게. 빠져나가고 싶어서 괴로웠고. 이렇게또한철의사랑이되고말아버리면어떡해. 스스로가 지겨워서. 이마음을극복해야해. 불어난 강물을 보면서 무너진 둑 소식을 화면으로 보면서 울었어. 속이 상해서 입으로 집어넣은 것들이 질기고 따갑고 뻑뻑하게 뭉쳐져서 침을 삼킬 수가 없어서. 말이 잘 안 나와 그래서 글로 적었어. 모두가 하나같이 안온하길 바라면서.

⑱

손바닥보다 작고 투명한 유리잔에 망고주스를 받아서 내려온 시간. 제법 굵은 빗줄기 소나기가 내렸다. 따닥따닥 주차된 차들의 지붕을 때리고 나의 다리에 빗물의 파편이 닿을 듯 말 듯. 커다란 나무 아래 앉아 있던 꼬마 둘과 횡단보도 맞은편 아이들이 우다다 달려가면 그 장면과 빗소리가 겹쳐져서 꼭 소박한 영화 같다. 더운 비 냄새와 텁텁한 흙냄새를 맡으며 ~ 시간을 끌고 싶어 주스 두어 모금을 마셔 보면 달다. 기억하고 싶어 어딘가에 옮겨 적는 동안 구름이 다 지나갔다. 비가 그치고 햇빛이 들면 아직 마르지 않은 바닥과 머릿속에 남은 아이들의 소란스러움이 거짓말 같고. 이처럼 소중한 장면들은 때때로 예고 없이 이렇게 반짝, 찰나여서 마법 같다. 엄마가 뜯어 와 말린 네잎클로버가 3개. 아빠 - 나 - 동생에게 전해지면 엄마의 행운을 훔쳐 온 것 같아서 기분이 이상하다. 엄마, 클로버를 받은 값으로, 어느 날 목격한 소나기 같은 (나의) 행운을 줄게. 동그란 모양으로 주고받은 마음과 느닷없는 럭키와 한 번 깜빡이고

우리의 동그라미 지구

사라지는 빛 같은 순간들이.
망고주스 샤워 크-로바 사건. 2023.

⑲

고요히 기댈 만한 마음이 되길 바라. 눈에 자주 보이지 않아도 위기의 순간 떠오르는 살고자 하는 의지 같은 게. 기다렸는데 기다렸는데. 슬퍼할 겨를 없이, 떠나는 이를 잡으려는 의지도 없이, 찰나의 모든 이별. 우주 – 지구 – 행성 – 별 – 땅. 어딘가 적나라하게 쓰지 못하는 마음 어째서 자꾸만 쉬이 착각하게 되는 걸까 자정이 지난 밤 구부러진 어깨와 벌레 소리

☾

우리의 동그라미 지구

⑳

긴장하지 마시고 후회 없이 역량을 발휘해 주시기 바랍니다. 저희 정성을 담아 보내드리오니 입에 맞으시면 또 찾아주세요 :) 늘 건강하고 행복 가득하시길 기도하겠습니다. 살아가고 있는 이곳을 이해하지 못하겠어서, 차라리 아예 모르는 곳이 낫겠다고 생각하던 여름에는(갑을문고) 오늘 손톱달인데 손톱달 왼쪽에 째끄만 빛나는 별 있어요 그거 금성이래요. 유난히 노랗고 짙은 손톱달이니까 챙겨 보고 주무시기. 건강히 먹고 산책하자.

벽에 건 하얀 꽃을 보며. 사는 게 너무 어려운 것 같다고 생각하면서 반은 괜찮고 반은 괴로우니까 우스갯소리를 하면서 코를 훌쩍였습니다. 오래오래 살 것도 같았다가 뭐가 그렇게 억울해서 울게 될까요. 친구가 오늘의 달과 행성을 알려 주어서 꼭 보겠다고 했어요. 한참을 까만 마당에서 구경하다 엄마 아빠를 데리고 나가서는 받은 설명을 전달하며 꼭 직접 알아낸 사실 마냥 어깨를 으쓱였습니다. 안일하게 지내다 5년 만에 들어선 면접장에서는 안내의 마지막 문장을 듣고서 울음을 참았고. 응원과 함께 보낼 선물 택배를 뜯다 몇 십장 몇 백장은 쓰셨을 손

편지에 울었습니다. 한두 번도 아니니까 힘들다는 얘기는 매번 하기도 부끄러운데 산책하자는 말을 들으니 모든 것이 명쾌해졌고 사랑과 낭만으로 살아가는 친구 덕분에는 좋은 책방을 알게 되었어요.

이제야 오랜 친구가 적어 준 편지에 있던 네가 쓴 어떤 문장이 나를 살게 한다는 말을 이해할 수 있을 것 같습니다.

저는 대체로 멀쩡하지 않습니다. 유쾌해 보인다면 그런 모습만을 자주 꺼낼 뿐이에요. 몇 분간 재밌고 몇 분간 죽을 것처럼 괴로운 게 저니까요. 친구들의 기쁨과 행운을 바라는 건 나의 기쁨과 행운을 바라기 때문이고, 사랑하는 사람들의 몸과 마음의 건강을 기도하는 건 나에게도 가장 필요한 것들이기 때문이에요. 내가 여태껏 쉬지 않고 적은 글 중에 작은 문장 하나라도 당신을 살게 한 적 있을까요. 나는 타인에게서 받은 그런 문장이 정말 정말 많은데 이걸 다 보답하려면 오래오래 살아야겠어요. 약속.

우리의 동그라미 지구

외로운 구슬들 봉숭아 타인의 이야기가 듣고 싶지 않아서 피할 때 나의 시야가 좁아진다. 하늘에 떠 있는 비행체는 쉽게 별이 된다. 심해에 사는 생명체는 지상의 생명체와 다르다. 깊은 곳에 사는 생물은 작은 빛이라도 감지하기 위해 눈이 아주 커다랗거나 시력이 퇴화되는 대신 다른 감각이 발달한다. 오래오래 보자는 말을 인사에 꼭 붙여 두는 이유는 오래오래 살아 있고 싶어서다. 다짐이자 이루어지길 바라는 주문이 된다. 파아란 창 밖 짧은 여름 지겹도록 긴 여름. 스노우볼 안 동그란 세상.

나를 두고 가지 마 나를 데려가 네가 가고 싶었던 곳에 나도 같이 가고 싶어 너가 아주 잠깐 눈앞에서 사라지면 나는 떨어져 나와 나뒹굴어 엄마 손을 놓친 아이처럼 사람들 속에서 두려움에 파묻혀서 울음을 터뜨려 그러니까 내 손을 잡아 주면 안 될까 팔이 잘려 나가도 절대 놓지 않겠다고 다짐해 주면 안 될까 나를 데려가 줘 너의 시간에 내가 같이 있으면 안 될까 주저앉아서 속절없이 여기 남아서 너가 뛰어간 방향을 바라보고 있어 나를 두고 가지 마 나를 두고 가지 마 나를 두고 가지 마 돌아와 달라고 안 해 나를 끌고 가 제발

어젯밤 울고 말았습니다. 자주 우니까 별일은 아닙니다만. 시간이 너무나도 빨라서 "종종" 고여서 나아가지 못한 나를 두고 가는 것 같아서 어느 나이가 지나가던 시점에 생긴 멍이 새파랗고 까맣게 보여서 버려진 기분이 처참해서 "잘못된 행성에 태어난 것 같아." 마침내 다 읽은 소설의 문장이 어떤 날의 나와 꼭 닮아서 분해서. 어디

우리의 동그라미 지구

까지가 당연하고 어디까지가 욕심일까요? 시간이 천천히 가는 동네에서 바쁜 도시를 떠올리며 적습니다. 도시에서는 시간이 더 빠르게 가나요? 그래서 더 많은 사람들이 버려지나요. 이상하리만큼 고요한 출근길에서 산과 나무, 무수한 초록을 보고 있습니다. 매일 반복되는 3-2를 벗어나 7-4 앞에. 멈춰 달라고 애원해도 고작 나에게 너무 커다란 지구는 돌고 잎은 자라고 바람이 붑니다. 그러니 앞으로도, 앞으로도.

종종 죽어. 마음으로. 내일을 약속하지 않고 문밖을 나가지 않고 엉엉 울다가 잠겨서 삐뚤어진 전등이 머리 위로 떨어져서 문과 벽 사이에 끼어서
발을 잘못 딛고 주저앉은 모양으로 살아서 종종 모든 것이 엉망이야. 앞으로도. 내가 서 있는 곳에서부터 네가 보이는 지점까지의 거리를 생각해 그만큼을 달려가려다 몇 걸음만에 접질린 발목을 생각해 덜컥거리는 걸음이라도 숨이 차도록 달리면 옆에 닿을 수 있으려나 금방 숨이 차고 몸은 너덜거려
시간이 갈수록 영영 몰랐던 것들을 알게 돼. 이 세계를 동경하게 돼. 이 세계가 나를 삼키는지 아득히 멀어지는 기분으로 가만히 누워서.

사랑한다는 건 세계가 커다래지는 거구나 하는 아름다운 생각을 하고도 빛을 마음에 담고도 물에 비친 하얀 물결을 머금고도 바람에 스치는 잎의 소리를 한참 듣고도 종종. / 나는 죽어 / 나무 앞에서는 반드시 초라해져. 되지도 않게 부린 고집과 솔직하지 못한 내가 부끄러워서.

우리의 동그라미 지구

우리의 사랑은 시야 끝이나 구석에서의 만남. 책임을 다 하지 못한 미안함에 대해 내가 왜 그런 마음속을 허우적 거려야 하는지 이해하지 못했지? 복잡한 마음은 알 수 없는 시처럼 처참한 장면 속을 오고 가고 못다 한 마음 은 말하기 참 어려워 그러나 내가 바라는 건 그런 우리 가 아니니까. 너의 건강한 사랑이 될게 침묵 속에서도 선 명한 표현으로 은은하고 잦은 고백을 담아. 너의 행운과 안녕을 바라는 나는 여기 있어 약속보다 훨씬 일찍 나와 서 네가 오기를 기다렸지 우리는 같은 별- 지구에 살잖 아 멸망하는 행성에서도 겁 없이 여기에 있자

㉕

초점 없이 흐린 시야에서 빛은 번짐일 뿐이라서 그런 눈으로는 영영 찬란에 대해서 알지 못할지도 모른다고 생각했다. 각자의 낮과 밤을 있는 그대로 두기가 얼마나 어려운지 초조해서 입술 껍질을 벗겨 낸다. 가만히 있으면 숨을 마시고 뱉는 일이 시시한 것 같아서 일부러 몸을 움직여 쿵쿵하는 울림을 꺼내 온다. 일렁이는 우울 속에서는 내 안에 버젓이 뛰는 심장도 느껴지지 않을 때가 있다. 생을 실감하는 저마다의 방법을 알려 줄 수 있을지 고민했다. 눈을 피했다. 나의 부족한 마음으로도. 타인을 사랑하는 타인에게서 피어난 마음을 읽다가, 고작 나 같은 사람도 이런 간지럽고 기분 좋은 사건의 목격자가 될 수 있다니, 종종 과분하게 느껴진다. 번지는 빛이 가진 찬란에 대해 생각한다. 또렷하지 않은 선으로 마감된 그림 위에 글을 적는다. 숨을 들이마시고 참았다가 뱉어 낸다. 목 끝에서 무언가 뛰어다닌다. 뿌연 시야 속에서 까만 동그라미는 너의 눈동자. 하얀 손. 한 번쯤 쓰다듬어 보고 싶은 불분명한 어깨선. 살아 있다는 감각을 느끼기에 부족함이 없는– 전혀 시시하지 못한 사건. 여전히 초

우리의 동그라미 지구

점은 맞추지 못한 채 그러나 미지의 떨림으로 생과 찬란
에 대해 생각한다.

㉖

받은 마음과 사랑을 잘 담아서 내 안에 물이 들도록 눌러 두었다가 볕이 좋은 날이나 무연히 비가 오는 날에 돌려드릴게요. 답장을 쓰다가 적당한 온도로 살아 나가자는 문장을 적어 내고 두어 번 다시 읽었습니다. 우리가 서로에게 빌어 준 행복을 쥐고 조금은 우쭐해도 될 것 같은 날이에요. 봄에 태어나 강을 바라보고 살았는데도 저는 물이 무섭습니다. 빠지면 끝도 없이 아래로 침몰할 듯한 기분은 오히려 가까워서 느끼는 생존적인 공포 같은 걸까요. 줄곧 살아 있었는데도 살아 있는 게 무서운 날이 있는 것처럼. 작년과 새해에는 사람들의 무수한 행운을 수도 없이 빌었어요. 그게 인삿말이자 마음을 표현하는 고백이었습니다. 제가 빌어 준 행운들이 주인을 잘 찾아갔는지 모르겠네요. 아마도 너무 많은 이들에게 빌어 주어서 먼지처럼 작은 조각이 되었으려나요. 그치만 그렇게 작고 작아져서 공기 속에 머무는 행운이라면 이제는 유난히 빌지 않아도 우리 안에 있게 되겠네요. 숨을 쉬어요. 시간이 갈수록 나의 부족함이 뼈저리게 느껴져요. 슬퍼하는 대신 매번 보다 나은 사람들에게서 배워 나아지

우리의 동그라미 지구

려고 합니다. 그럴 리 없는 모습에서도 좋은 부분을 읽어 내고 다정함을 알려 주는 사람들 덕분에 살아 있어요. 우리라는 이름으로 이질감 없이 어울리고 싶은 마음이 욕심이나 헛된 것이 되지 않도록 차근차근 물들겠습니다. 염치없지만 고마운 마음을 담아.

㉗

영원과 무한을 같은 선상에 놓을 수 있다면 우주가 무한히 뻗어 나가는 사실처럼 영원도 실재하는 걸까. 믿고 싶다. 우주는 영원하구나. 인간의 관점에서 영원을 누리는 것은 실감하기 어렵겠지만 결국은 우리도 우주의 일부이니까 이미 영원의 일부이진 않을까. 그러니 우주적 관점으로 영원은 너무나도 당연한 것이 아닐까. 자연에서 태어나 다시 자연으로 돌아가는 마디가 있을 때, 그 사이에 살고 죽는 일이 우리를 영원으로부터 멀리 보내 버리는 것 같으면서도. 살아 있는 순간을 당연히 자연에 포함시키면 우리는 태어나기 전에도 태어나서도 살면서도 죽어서도 자연의 상태이니까 결국은 마디와 상관 없이 (자연이 아닌 적이 없으니까) 영생을 하고 있는 건 아닐까? 무언가를 영원히 좋아할 수 있을까 하는 질문에서부터-영원을 궁금해하다가 빗댈 것이 있나 고심하는 사이 여기까지 왔다. 이와는 별개로 누가 저렇게 물어본다면 아마도 나는 "좋아하는 마음이 영원하기란 어려운 일이지만 어떤 것을 그만큼이나 좋아했던 사실은 변하지 않고 영원하지 않을까요?" 하고 대답할 것 같다. 있던 일은 사라지지 않으니까. 인간의 기억에서 잊히고 손에 잡히던 살덩이가 소멸하더라도 우주에 그런 일이 있었다는 사실은 분명히 존재하고 우주는 무한하니까.
무한하고 영원하니까. 이렇게. 다만 인간은 왜 영원을 직접 실감할 수 없는지 고민하다가 그렇게 되면 우리가 수없이 겪은 불행을 잊을 수가 없으니까 불행을 넘어설 수 없으니까 적어도 우리가 우리의 불행을 잊든 떠넘기든 할 수 있도록 마련된 장치가 아닐까 짐작한다. 영원히 남기고 싶은 것들은 영원히. 다시는 떠올리고 싶지 않은 건 저 너머로. 사전에 영원을 검색해 봤다. / 보편적인 진리처럼 그 의미나 타당성이 시간을 초월하는 것. 신(神)이나 진실성처럼 시간을 초월하여 존재하는 것. / 아마도 우리의 마음은 영원할 수 있을 것 같다. 우리가 그렇게 믿기로 다짐한다면. 시간을 초월한다는 건 어떤 의미로 읽어 내야 할까. 불행을 초월하는 영원도 있을까. 돌고 도는 말장난처럼 꼬리를 물고 쏟아진다.

⑳

우리가 머문 자리에 어김없이 돋아나는 생명과 피어나는 풀잎과 저무는 줄기와 지지 않는 뿌리. 흙냄새가 걸음마다 붙어 나의 작은 방 안까지 따라온다. 한 톨씩 모인 흙이 바닥을 덮으면 생각한다. 싹이 자라기 위해 필요한 빛과 물과 바람. 나는 적당한 때를 알아 와 알맞은 분을 갈 줄 알게 될까. 발 아래 흙을 퍼다가 씨앗이나 모종을 심고 제때 빛과 물과 바람을 받아들일 수 있게 될까. 어느 날은 빛이 강해서 땅이 말라붙었고 어느 날은 물이 넘쳐서 땅이 흘러내렸고 어느 날은, 어느 날은- 하면서 볼품없는 밭에 있다. 이 땅은 처음부터 단을 쌓아 화단으로 만들어야 했을까. 나는 우리가 뜯어 먹을 풀을 이곳에 키우고 싶었고. 맨발로 흙 위에 올라 포슬포슬하고 버석거리고 축축하거나 무거운 땅을 꾹꾹 밟아 본다. 나의 집 앞, 파가 잔뜩 심어진 네모난 밭에는 민들레가 같이 자랐다. 노란 꽃이 피었다가 금방 하얀 꽃씨가 날린다. 바람을 타고 꽃씨가 내려앉은 자리에 어김없이 돋아나는 생명과 피어나는 풀잎과 저무는 줄기와 지지 않은 뿌리를, 몇 번이고 다시 보고 싶어진다. 이 집을 떠나면 의심

우리의 동그라미 지구

없이 그리워질 것들 중 하나.

29

손에 쥔 이어폰이 계단 난간에 닿을 때마다 울리는 공명. 계단을 다 내려올 때쯤 뭉쳐 오는 바람에 머리카락이 휘날린다. 파란 유리에 비치는 사람들의 걸음과 이어폰 속 취향과 선명하고 푸른 하늘. 따뜻한 볕 아래 기대어 있으면 땀이 나는 것 같기도 하다. 젖은 앞머리 몇 가닥을 말릴 듯이 때때로 그치지 않는 바람. 축축한 듯 산뜻한 듯 이 계절의 기분을 헤아릴 수가 없어진다. 봄이 온다.

우리의 동그라미 지구

㉚

너를 따라다니는 일은 그만둘래. 한때 내 안에 머물던 마음이 어디 있었는지 알아? 어딘가 남겨 놓은 마음을 발견할 때면 이상한 기분이 되어 버리고 말아. 믿기지 않을 만큼 낯선 애정의 흔적 때문에 깨닫지. '지금 너무 많이 자라 버린 것 같아.' 초조함은 부지런히 찾아와 나를 괴롭히고. 너를 만나기 위해 기다리고 있을 때면, 심장이 입 밖으로 튀어나올 것처럼 뛰다가 멈췄다가 다시 뛰는 것 같았어. 익숙해지지 않는 이 떨림이 나는 버거워. 줄 수 있는 마음을 재어 보다가 보잘것없어서 슬퍼졌고, 귀찮아서 실망했어. 상처를 주는 사람이 없는데도 자꾸 상처를 받게 되는 거 알아? 자기 파괴적인 사랑이 버거워서 내가 이토록 어리석은 사람이었는지에 대해 고민해. 안온하고 건강한 사랑이 가능해질까? 불분명한 요구와 초라한 질투 같은 것들을 섞어서 모조리 삼킨 다음 불을 지르고 싶어져. ~ 너를 따라다니는 일은 그만둘래. 나는 이런 것들이 아니고서도 이미 너무 지쳤어.

떠도는 마음, 답장을 받을 생각 없이 여러 문장을 적었어요. 102, 외롭지 않은 숫자 같아서 일부러 지하철 개찰구에서는 이 숫자가 적힌 기계에 카드를 찍습니다. 이어지지 않아 붕 뜨는 환승 중에는 시간이 고요하게 갑니다. 배낭을 챙긴 행락객들을 보면 계절이 어떻게 변하고 있는지 알게 되어요. 나무에 꽃이 피면 가야 할 곳이 아닌 곳으로 도망치고 싶어질지도 모릅니다. 혼란한 마음이야, 덜컹거리는 버스 안에서 새파란 강을 보고 있으면 이제는 살아야 할 이유가 단순히 내게 들이마실 숨이 남아 있기 때문이라는 것을 압니다. 사소한 몇백 몇천 가지의 이유가 만들어 낸 숨을 뱉을 줄도 알 것 같아요. 우리를 죽고 살게 하는 것이 오로지 하나가 아닌 생에 머물고 있습니다. 특별히 빛나던 사랑에 절실하지 않아지는 것은 그것이 나를 살게 하는 유일한 것이 아니기 때문일까요. 누가 나에게서 가져간 마음과 내가 기꺼이 주고 온 마음은 어디에 간직되고 있는 걸까요? 막연히 그런 생각을 했습니다. 내가 사랑의 객체라면 어떤 마음일지에 대해. 나를 사랑하는 사람들에게 전할 수 있는 말이 있을지에 대해. 그리고 나의 대답은 이렇습니다. 당신을 살아지게 하는 것이 무수해지고 나면 나는 기쁜 마음으로 잊힐 수 있겠어요. 당신의 찰나와 영원을 내게 주어 고맙습니다.
하얀 강 위에 검은 새. 그 뒤에 그림자 같은 산을 지나치며 적었습니다. 8-5.

(32)

엄마는 나한테 화를 내면 그만이지만 한동안 받았던 스트레스를 뭉치고 뭉쳐서 나에게 분풀이를 해 대면 끝이겠지만 작은 일 하나에 상한 마음이면서 괜히 가지고 오지 않아도 되는 말까지 다 긁어 내어 퍼부었다는 것을 알지만 꺼낸 말 중에 건져진 몇 마디만이 진심이고 그 외의 모든 것은 분에 찬 껍데기뿐인 거짓이라는 것을 알지만. 그것들을 판단하고 구분할 수 있다고 해서 상처를 받지 않는 것은 아니다. 이건 진짜 저건 가짜, 이건 의미 없는 분노. 분풀이. 나의 잘못이 아닌 것까지 물으면 내가 무슨 대답을 할 수 있지? 대답을 바라고 하는 말이 아니어서 표출하는 화 자체가 목적인 시간 동안 나는 마음이 쓸쓸히 타 버렸다. 덜 자란 엄마를 덜 자랐던 그때처럼 미워하고 싫어하기에는 내가 너무 안쓰럽고. 좋아하는 열쇠고리를 잃어버리고 속이 쓰리고 어지럽고 운이 나쁘게도 울게 된 날이라서 일기를 쓴다. 📞아주 가난해서 돈이 없고 어리석은 우리가 가여워 죽고 싶었던 날 이후로 나는 아직도 살고 싶은데 같이 오래오래 살고 싶은데. 나는 내가 너무 불쌍하다 그렇지만 나를 불쌍하게 만든

우리의 동그라미 지구

사람들을 이해한다 그 사람들이 불쌍하다 이럴 때마다 나는 어린 시절로부터 단 한 걸음도 내딛지 못했다는 생각을 한다. 작은 방에 갇혀서 영영. 작은 방문을 열고 엄마는 미안하다고 했다. 엄마가 감정 조절이 쉽지 않은 시기를 보내고 있다는 것을 안다. 엄마가 바라는 것들이 잘 이루어지지 않았다는 것을 안다. 알아서 모른 척을 할 수 없는 대신 나도 좀 알아봐 달라고 이불에 얼굴을 박고 뻐끔뻐끔.

㉝

긴 긴 밤 동안 생각했어 그럴듯하고 잃을 수 없는 아름다운 것들을 자주 떠올리자고 오래전 눌러 적은 문장들과 너에게 주고 싶었던 안녕과 다시 내게 돌아올 무수한 행운을 잊지 말자고. 가만히 배를 쓰다듬으며 손끝에 느껴지는 숨결로부터 이 시간을 살아 있다고 느껴. 어디에 내놓을 수 없는 부족한 사랑이라도 뭉쳐서, 잘 만져서 굴려 보고 있어 사람들의 깊은 마음속에는 어릴 때부터 보고 자라온 자연이 그대로 들어 있다고 믿어. 바다를 보고 자라온 너에게는 바다가, 강을 보고 살아온 나에게는 강이. 우리의 산과 들, 밤하늘의 도시 불빛과 별 같은 것들이 담겨 있겠구나 네가 사랑하는 장면의 고요함이 너를 살게 했으면 해. 우리를 나아지게 했으면 해 눈을 뜨기 싫어서 찾아온 긴 긴 밤 동안 생각했어 가만히 배를 쓰다듬으며 강과 빛이 만드는 아름다운 장면을 떠올리고 있어.

우리의 동그라미 지구

○34

그런 허락을 기다린 건 아니라고 믿었지만 마음속에 피어나는 해방감 글자를 하나하나 입으로 굴리다가 결코 이보다 더 좋은 때는 없을 것 같아 이런 날을 기다렸을까 처음과 끝에 꾹꾹 눌러서 적고 싶은 문장, 오래오래 행복하게 살았답니다.

오래오래 사랑해야 하는 뒷모습들과 결국은 주체의 소멸로 사라지고 마는 마음들. 무턱대고 울고 싶은 기분과 무심히 기다려 주지 않고 지나가는 시간. 아름다운 것들을 나열하고 처참한 것들을 전시하며 살아가는 동안 늘어나는 경험과는 달리 좁아지는 심보. 무언가를 사랑하는 모습이 어째서 이리도 쉽게 치졸해져 가는지. 너의 단어로 너를 추측하고 몰래 지켜보다 정의롭지 못하게 커져 가는 마음으로. 이런 비겁한 사랑을 너에게 줄 수 있을지 고민해. 울렁거리고 떨리는 하루하루를 어떻게 버텨야 하지? 식은땀을 닦아 내고 벽에 기대어 생각해 봤어 가만히 바라보고 집요하게 골몰하면서.

가까스로 살아남은 밤, 한 뼘은 자랐다고 생각했는데 벽에 그어진 선은 겹쳐지기만 한다. 어쩌면 이 소설의 테마는 타임루프! 사랑을 알 것 같다가 알았다가 모르다가 모르게 되었다.

우리의 동그라미 지구

⟨36⟩

지나고 나니 어쩌면 꾀병이었을지도 모른다는 생각이 들었지만 지난 일기에 남아 있듯이 죽지 않고 살아서 빠짐없이 눈을 뜨는 게 최선이자 최대의 목표인 적이 있었고 몇백몇십 일을 버텨서 눈을 뜨는 것이 무섭지 않게 된 이래로 어디서 어떤 모습으로 무슨 일을 하는지가 중요해졌다. 무료하지만 안전한 선택 속에서의 만족감이 저물고 그렇게 보내 버린 시간이 소중하고도 아까울 무렵. 손끝에서 피어나는 실체를 목격해야만 다음 단계로의 생을 알 수 있을 것 같다. 내가 부러워 마지않은 사랑을 가진 사람은 내가 그처럼 문인이 되었으면 좋겠다고 말했고 오랜 친구는 유일한 노래를 기다리고 있다고 말했다. 기억 속에 남아 있는 파편들을 이어 붙여 보고 있다. 순간마다 솔직하게 마음을 쏟아 내며 써 둔 글자가 하나같이 낯설 때, 지난 마음은 수면 위를 떠다니다 기화되고 마는지 상상한다. 새로 적어야 하는 것들은 다음의 목표. 살 만해진 것 같다. 숨 쉬는 것 다음으로 가치 있을 것들을 찾고 있다.

문을 걸어 잠그고 소란하게 찢어 낸 마음이 잘 기억이 나지 않을 만큼 멀쩡합니다 아직은 아무에게도 선뜻 답장을 쓰기 어렵고 누구에게도 전하고 싶은 말이 없어서 공허할 때가 있습니다 나는 나의 작은 방 안에서 홀로 고립되고 싶은 마음으로 살아가는데 하루하루가 그런 온전한 고독을 허락하지 않아서 하나하나 버거운 것들이 늘었습니다 언제쯤 만족스러울 만큼 철저히 외로운 사람이 될 수 있을까요 공허함이 만든 공간만큼 숨을 삼키며 사랑도 미움도 쓰지 않으며 창문으로 들어오는 밤공기를 마시며 무사를 빕니다 지난날들이 이어져 앞으로 계속되거나 멈출 그날에도.

우리의 동그라미 지구

(38)

내가 숨을 쉬기 위해서 어째서 타인의 생명력을 앗아 가며 자란 것 같은지 어린 나를 품에 안아 준 엄마 아빠의 사진을 보다가 소리 없이 엉엉 울었다. 이마는 뜨겁고 아마도 아직은 문장으로 표현할 수 없는 마음의 연속. 무류한 슬픔으로 가득 찬 방 안에서 가장 먼 곳으로 떠나야 해 다짐하고 걸음을 옮기지만 발자국은 찌그러진 원을 그리고 네가 내게 준 것들이 고요하게 남는 밤 영영 그 마음을 알 수 없을 것 같다.

살아 있는 것들이 무성하게 자라는 계절에는 모순적이게도 기온이 높아 부패하는 것들이 있다. 나무가 바싹 마른 앙상한 가지를 두고 뿌리를 내린 땅에는 무수한 생명력이 잠들어 있는 계절도 있다. 살아 있는 것들의 운명은 사람으로는 구할 수가 없으면서도 사람이라서 죽이지 않을 수가 있다. 생명을 가진 것들은 어째서 결국 오래오래 잠들게 되는 걸까. 불러도 대답 없는 이름과 소멸되지 않는 그리움이라니. 우리가 손가락을 걸어 만든 약속을 지키기 위해서 나를 미워하지 않기 위해서 어떤 걱정과 무서움에도 두 손을 벌벌 떨지 않기 위해서 영영 변하지 않을 단 몇 가지의 사실을 확인한다. 그리고 현재. 숨을 쉬고 눈을 감았다 뜨고 계절의 냄새를 마신다. 깨끗하고 맑은 파랑의 하늘을 올려다보고 마음을 내려다보고 비로소 안온함이 찾아올 때. 이 장면 속에 존재하는 나를 다음 해의 이맘때를 기다릴 만한 이유로 삼는다. 돌아오는 계절을 기다리며 움트고 저무는 생명을 지켜보며 우리의 안녕을 빈다.

우리의 동그라미 지구

ⓐ

그리움은 어둠이 걸쳐진 밤에 들리는- 벌레 울음소리에 있다. 쓸모를 다한 마음과 까만 호수 속을 들여다보는 용기는 이어폰 속 너의 목소리에 있다. 지난밤을 기워 만든 새벽을 네가 영영 이해하지 못했으면 하면서도 처절하게 게워 낸 날들이 나만의 것은 아니라고 믿는다. 눈을 감고 손을 까딱거리며- 다치지 않도록 지키고 싶은 마음이 사랑인지 생각한다. 지키고 싶은 것을 지키지 못해 내려앉는 마음의 무게를 짐작한다. 숨을 마시고 뱉으며 우리가 나아갈 방향에 대해 말하고 듣는다. 말처럼 이루어지기를 희념한다.

사랑한다는 말이 사라지면 나는 사랑을 말하지 않을 거야 모호하고 작고 커다란 그 마음을 어떤 말로 대신하겠니 그래도 그럼에도 불구하고 내가 읽은 사랑과 가장 비슷한 말을 쓰자면 나는 너가 걱정돼
지난 일주일은 일부러 일찍 잤어 이틀쯤 되니까 네 생각이 잘 안 나 보고 싶은 마음은 수면 부족의 착각이었나 싶고 우리가 어떻게 다른지 잘만 알 것 같아서 울지 않을 만큼 남아 있는 것들로 너를 뭉쳐 가며 네가 다시 올 때까지 기다리지만 나는 기다림에 능숙한 사람이 아니야.

우리의 동그라미 지구

⑭

시를 쓰고 곡을 만들어 부르는 사람들로부터 청춘과 낭만을 빌려 와 나의 것처럼 쓰고 있어 온종일 베껴 쓴 가사와 멋대로 짐작한 착각이나 오해를 사랑이라고 부르자니 부끄럽지만 속에서 피어나는 다사한 마음 덕분에 살았어 너의 목소리 덕분에 살아 있어

네게 줄 수 있었던 마음 이만큼. 야 진짜 좋아했어 느닷없이 빌었던 멋쩍은 행운을 지금은 알게 됐니? 진하고 투명한 초록빛의 사랑을 몇 번씩 입안에 머금었어. 파랑과 노랑의 중간 그러니까 덜 익은 그치만 맹렬하게 또렷한 어린 감정이 손바닥에서 돋아나면 네 손을 잡고 싶었어 말이나 글로는 담기지 않는 마음을 전해 주고 싶었던 나는 너의 어리고 부족한 사랑이자 짙은 초록색의 클로버야. 빌었던 것 중에 몇 개쯤의 행운이 너에게 갔을까 나는 수신 여부를 알 수 없어서 계속 너의 행운을 빌어 가진 운을 다 쓰고도 모자라서 염치없이 빌려 오기도 했어 지구의 모든 행운이 너에게 쏟아지길 바라면서 가져다 쓴 것들을 갚으려면 얼마나 많은 날을 살아서 벌어야 할까 아마도 이만큼.

우리의 동그라미 지구

㊹

까만 밤에 날은 시원했고 어쩐 일인지 엄마가 사 준 스티커 하나에 진심으로 기뻤던 어린 나는 어느 순간부터 우리의 처지가 불쌍해서 안타까워서 이 모든 연민으로부터 멀어지고 싶다고 생각했어 떠나고 싶은 마음은 습관처럼 솟아오르지만 그저 어제와 비슷한 하루를 보내게 되겠지 서러움인지 원망인지 미안함인지 이런 것들은 엄마가 챙겨 온 씰 스티커 하나에 와르르 쏟아지는데 축축한 마음을 털어놓기 부끄러워서 오히려 아무렇지 않은 듯 적었다가 심하게 울렁이는 탓에 고치고 지우고 다시 쓰고 적었어 불행이 가져올 수치심을 부정하지 않으려 하다가도 팔자라면 운명이라면 어째서 매번 참담한 감정 속에서 허우적거리게 되는지 쓰다가 울다가 졸려서 잤어 자고 일어나니까 또 그렇고 그런 날이 시작되고 지나가고 있어 이렇게 죽기 전까지 살아가게 되는 걸까 붙였다가 떼었다가 뭉쳤다가 풀었다가 그런 마음을 쥐고 비를 맞았어 씻겨 나가지 못한 짐들이 물을 먹고 한껏 무거워지는구나

⑤

쓰려던 말을 까먹고 가만히 자유가 존재하는 지점의 좌표를 알고 싶어 아프다는 건 끔찍한 말들에 익숙해지는 일 같고 끔찍한 단어들은 과연 어떤 것들인지 생각하게 돼 적지 않은 것들이 변했지만 변하지만 느린 덕분에 여전히 여기에 머물러 있어 예전과 같아 보이지만 사실은 꽤 바빴고 이 묘한 분주함을 기특하게 여기고 싶어 조금은 달라졌겠지만 달라질 수밖에 없겠지만 멀리서 보면 알아챌 수 없이 비슷한 모습으로 살아 있다? 우리는 맞댈 수 없는 마음으로 어디서든 외롭지만 그건 각자가 유일히 존재한다는 증거잖아 네가 자유로워지길 염원해 너에게서 나로부터 우리에게서 타인으로부터 공허함과 진실로부터 자유에게서 자유로워지길 기도해

우리의 동그라미 지구

㊻

사는 게 절망스러울 때가 있다. 그런 절망은 사소하게도 사진 한 장이나 문자 한 통으로 시작해 커다란 파도처럼 찾아온다. 살아야 할 날이 까마득해서 살고 싶은 날들이 간절해서 이별하기 싫어서 버틸 자신이 없어서와 같은 이유들로 고립된다. 아직 나의 어린 날, 여전히 나의 어린 날. 시간은 보란 듯이 흘러가는데 자라지 못한 마음이 여기에 있다.

우리가 함께였던 시간 중에 단 몇 초라도 행복했어? 어쩌면 그보다는 더 큰 단위의 시간까지 행복했어? 나는 너에게서 그렇다는 대답을 듣고 싶어 내가 목격한 찰나의 순간들을 확인 받고 싶어서. 나는 그랬어 어쩌다 너와 다른 사람들의 오래된 약속을 알게 되어서 그동안이 어땠을지 상상해 보다가 울 수도 있을 것 같이 슬퍼졌어 행복을 빌게 됐어 오늘의 기억으로 내일을 살아가겠다는 너의 말이 무던히 힘이 됐어 지난날을 꺼내어 볼 때면 많이 자란 너를 예뻐해 줘 덕분에 나는 행복했어. 하얗고 맨들맨들한 모습의 사랑이, 초록으로 푸른 나무가, 아낌없이 쏟아지는 빗방울이 바다가 되어 여기에 있었어. 네가 노래하는 우주는 가삿말과 달리 쓸쓸하지 않아서 고마웠어. 다행이다. 오래오래 좋아해.

우리의 동그라미 지구

⟨48⟩

걱정이 아닌 다른 할 수 있는 것들을 하기. 애써, 굳이 말이나 글로 쓰고 싶지 않았던 말들까지 모아서 걱정하는 건 마음을 갉아먹기만 할 뿐 어떤 사고와 사건을 맞아 아낌없이 슬퍼하는 것은 당연하게도. 약속은 살아 내기. 잘 살아 내기. 먼 우주처럼 생각하기. 너에게 새겨진 나의 의미. 나에게 새겨진 너의 의미. 서로 부벼 사라락 소리가 나는 잎들 아래서 삼켰던 안도감. 코끝에서 느껴지는 바람과 쌀쌀함과 해의 냄새. 뻔하게도 사랑하는 것들의 안녕과 건강을 바라며. 믿고 싶은 모든 것과 믿고 싶지 않은 모든 것을 존재하는 그대로 마음에 차곡히. 먼 바다로부터 우리와 가장 가까운 섬에.

㊾

너를 사랑하는 사람들이 이렇게나 많아 그래서 나는 외롭지 않아 지난날 어떤 것들은 나의 우울이자 병이었어 그로부터 벗어나지 못한 채 너의 눈동자를 마주 봐 너는 나를 보고 있니 살아서 나를 지켜보고 있니 죽고 싶지 않아서 어쩌다 너를 죽일지도 모른다고 생각해서 무서웠어 한순간 네가 사라질까 봐 걱정했어 더 나은 시간을 살고 싶은 마음이 욕심일 수 있니 너를 기억하고 껴안고 싶은 마음이 형편없는 것이 될 수도 있니 너가 보고 싶어서 울 것도 같아 우리는 다른 행성에 사는 것도 아닌데 너무 멀리 있는 것 같아 하얀 연기 속에서 너를 잡으려다 고단함에 지친 것 같아 떨어지는 물방울을 마구 터뜨려 바로 옆에 물기를 고이게 할까 너를 걱정하는 사람들이 이렇게나 많아 그래서 나는 슬프지 않아 지난날 어떤 것들은 내게 너무나도 소중했어 그로부터 벗어나고 싶지 않아서 너의 눈동자를 마주 봐. 나를 기억해 줄 수 있니.

우리의 동그라미 지구

〈50〉

~ lonely beads ~ 그래 다음은 없을 수도 있어 나는 자주 지킬 수 없어지는 약속을 생각해 구체적인 하나하나의 팔아먹을 불행이 차고 넘치지만 아직 너에게 말할 수 없고 그것들이 내 안에서 바싹 타 버리고도 다시 살아 돌아와 재가 흩날리는 가운데 태어나 꿈틀거리는 빨갛고 울퉁불퉁한 살덩어리를 봐 심장이 뛰는 것처럼 움직이는 게 징그러워서 도망치고 싶어져 살아 있는 걸 태워야 한다니 버겁기만 하고 처리할 다른 방법을 찾다가 결국은 익숙하게 불을 붙이게 돼 다음은 없을 수도 있어 아무렇지 않게 잘도 다음을 약속하지만 그걸 지키지 못할 수십 가지의 경우가 그중에 돌이킬 수 없는 불행이 그럼에도 약속을 해야 하는 이유가 머릿속에서 엉켜 있어 이런 과열 때문에 불이 난 건 아닐까 생각해 어느 계절에 꽃이 피면 사람들은 가던 길을 멈추고 고개를 들잖아 잿더미를 밟고 꽃잎인지 재인지 모를 것들이 나풀거리며 떠다니는 하늘을 생각해 눈앞으로 떨어지는 꽃잎을 생각해 손안에 한 줌 잿더미를 생각해 그래 까만 것들을 날리고 빈손이 되기 위해서 우리에게 다음은 있어야만 해 다음은

있을 수도 있어

우리의 동그라미 지구

㉛

뭐가 그렇게 힘들었어 작은 방 안에서 살고 싶은 세상을 상상해 너에게도 보여줄 수 있다면 좋을 텐데 숨진 채 발견된 절망과 사건의 목격자는 나. 강 건너 불빛이 반짝여 밤을 사랑한 적도 있는 것 같아 지금은 글쎄 축축한 몸과 마음이라서 햇빛 아래 가만히 있으면 나를 말려 볼 수 있을 것 같아 얼굴에 닿는 온기와 사그락거리는 숨결이 이제야 살 것 같은 마음을 피워 그치만 금방 다시 울고 싶어지고 왜 이렇게 피곤한지 생각했어 걱정이 없어지면 허전함을 느끼는지 남은 것들이 남을 것들이 까마득해서 무서웠어 볕이 좋은 날 실감 나는 목숨에 대해서 네가 이해할 수 있을 만큼 잘 쓰고 싶었어 모르겠지 그래 알 수 없이 중얼거리다 자러 가 자고 일어나면 난 여기 그대로 있어 고마워

선연하게 그리운 것들 두 뼘씩 자라는 마음 느슨히 자라고 싶었는데 조급히 숨이 차는 성장통 어쩔 수 없어 그럼 너무 슬프니까.

우리의 동그라미 지구

㊽

나무야. 바다야. 그런 이름을 부르면 마음에 바람이 일어. 선명하고 산뜻한 바람의 결을 두 볼로 스치면서 울고 싶은 마음을 떠나보내. 와르르 무너지는 이유를 너무 잘 알고 있지. 실망이 우리를 끌고 다녀. 사람들의 불행이 수억 개로 갈라져 지구로 떨어지는데 그 모습이 안타깝게도 비슷해 보여. 우리의 비슷한 불행을 합치면 얼마나 커다랄지 생각해 봤어. 살다 보면 그 덩어리의 부분마다 어떤 색이고 어떤 맛인지 전부 알게 될까. 비슷하지만 똑같지는 않아서 나의 불행과 너의 불행이 다르니까 전부 알긴 힘들겠다. 오늘은 하얗고 진한 초록의 불행이 내게 있어. 이걸 떠나보내려면 어떤 이름을 불러야 할지 고민해. 되도록 작은 수의 이름이 일기에 쓰이기를 바라면서도 곁을 지나간 무수한 것들의 이름을 웅얼거리고 있어. 이제 막 피어나기 시작한 노란 꽃이 자꾸 생각나. 이 계절의 이름을 부르고 싶어져.

내가 잠들면 나의 글을 모두 가져가. 완성한 글 중에 부끄러운 것들마저도 어지간하면 꺼내 두었어. 봄이잖아. 만물이 다시 태어나고 피어나는 곳에서 우리가 소외되지 않기를 기도해. 아무 문제 없는 얼굴을 벅벅 긁어 본 적 있어? 나는 종종 그러고 싶을 때가 있어. 손톱을 짧게 깎고. 염치없지만 부탁이 있어. 우리, 누군가를 상처 주는 방법으로는 구원받지 말자. 그 어떤 누구는 타인일 수도 있고 나일 수도 있어. 나는 상처 없이 온유하게 자라나는 성장을 너에게 주고 싶었어. 그런 건 존재하지 않는다고 해도. 아니, 말로 내뱉고 믿는 순간 그런 건 세상에 존재하잖아. 역시 좋은 것들을 수도 없이 많이 말하는 게 좋겠다. 죽기 싫다는 문장보다 더 살고 싶다는 말로 일기를 쓰자. 그래 봄이잖아. 한철 지나 여러 계절을 뚫고 마음마저 말라붙는 계절이 다시 오더라도 지난겨울보다 단단하고 유연해진 우리가 쉽게 부서지진 않을 거야.

우리의 동그라미 지구

〈55〉

이제 어린 날의 불행을 꺼내지 않고 지금 내가 어디서 무엇을 어떻게 해낼지에 대해 생각하기로 했어. 당장 어제도 나의 어린 날이 되어, 불행은 매번 지금일지도 모르지만. 지난 몇 년간 마음이 둥둥 떠다녔고 오늘도 싱숭생숭해. 사람들의 시야가 궁금했어. 근데 타인의 시야를 알게 되면 어떤 면으로든 상처받지 않을까 걱정해서. 틀림없이 상처받겠지만. 잠이 오지 않는 밤을 세어 본 적 있어? 살아 있으니까 사는 거라고 믿지만 살아야 하는 다른 이유를 찾고 있어. 엄마 아빠의 잘 풀리지 않은 하루가 눈에 보여. 해결할 수 없거나 해결하고 싶지 않은 문제 앞에서 늘 무기력을 만끽하게 돼. 세상이 너무 복잡한 것 같아. 이런 마음으로 할 수 있는 것들이 있을지 모르겠어. 그래도 나아가기로 약속했지? 괜찮을 거야. 얼마 전부터 마음속에서 우리를 위해 하는 말이 생겼어. 행운을 빌어.

우리가 찬란하게 빛나는 날들을 보내고 있다고 믿어요. 그날 햇빛을 만끽하던 나는 분명히 행복했거든요. 돌아본 사진 속에서 은은히 퍼지는 봄의 냄새를 맡다가 가볍고 무거운 안부를 묻습니다. 수신자가 없는 편지를 종종 써 보려고요. 이건 구구절절 몇 백자가 될 수도 있고 단 한 줄의 문장일 수도 있어요.

오늘 들었던 노래를 내일의 나는 기억할까요? 사랑하는 것들로 돈을 벌 수 있을까요? 정말로 그러고 싶은 걸까요? 사람들이 나누는 사랑에 대해 아는 것도 없이 사랑을 말하고 싶은 건 마음의 병일까요? 누가 나의 글을 읽어 주나요? 나는 잘 살고 있는 걸까요? 어떤 방향을 바라보면 좋을까요. 사랑은 어디서 자라나 어디로 죽어 가나요.

부끄러운 것들을 잊고, 해가 뜨고 지는 것만을 가만히 지켜보고 싶었어요. 바람이 볼을 스칠 때 살아 있음을 만끽하고 고요하게 감동하는 일, 그건 정말 잘할 수 있거든

우리의 동그라미 지구

요. 오랜 시간 동안 보고 싶은 얼굴과 나누고 싶은 마음으로 벽을 쌓았어요. 그렇게 나를 둘러싼 둥그런 벽이 답답하면서도 이대로 갇혀 있고 싶기도 하다면 이상하게 들리나요? 점점 사람들을 만나 어떤 대화를 나눠야 하는지 감을 못 잡겠어요. 결국은 어떻게 늙어 가야 할지도 모르겠고요. 여럿은 부담스럽고 혼자는 외로울 텐데. 늙어 가는 내가 머물 자리는 있을까요? 제대로 늙기도 전에 죽어 버리진 않을지, 꺼내자면 끝도 없이 우울한 얘기들을 하고 싶었던 건 아니지만. 근데 외로우면 안 되는 걸까요? 우리가 함께 있으면 외로움은 사라지나요? 같이 있어도 외로워지고 마는 거라면 외로움을 인간의 찬란한 어떤 것으로 여겨 볼 순 없나요? 빛은 선명하고 따뜻하기도 하지만 눈을 시리게 만들곤 하니까 외로움은 우리가 가진 시린 찬란함은 아닐까요? 우리가 외롭고 시린 날들을 보내고 있음을 알아요. 그날 실패를 실감하던 우리는 분명히 괴로웠거든요. 아직은 쌀쌀한 추위에 언 발을 녹이며 무겁고 가벼운 안부를 묻습니다. 인간은 사랑으로 외로움을 극복할 수도 있고 오히려 더 외로워질 수도 있잖아요. 나를 사랑해 주실 수 있나요?

내가 죽으면 슬퍼?
그럼 오래오래 슬퍼해 줘

우리의 동그라미 지구

〔58〕

사랑하는 계절의 냄새, 해마다 이 지점을 놓치지 않기 위해 살아서 돌아올 거야. 파랗고 시린 공기에 탄내가 겹치면 수많은 쓸쓸함과 재에 대해 생각하면서. 감탄이 나오는 문장을 읽었어. 그런 아름다운 문장은 영영 쓸 수 없을지도 몰라. 나는 그저 파랗고 시린 공기 속에서 탄내를 찾아, 그 찰나를 우리에게 전달하고 싶어. 나의 그을린 마음이 유일하지 않다는 사실만으로 우리는 구원받잖아. 매해 쌓였다가 흩날리는 잿더미를 모른 척하지 않기 위해서 나는 살아 돌아온 거야. 숨을 쉬고 이 계절을 사랑한다고 말하면서.

우리가 가진 것을 들여다봤어 진심은 어디에 있어? 우리를 끌어내릴 듯 들러붙는 지겨움을 이겨 내고 너를 사랑했어. 너에게 나는 아무것도 아니었을까. 그래 이렇게 멀리 있는데 뭐라도 될 수 있었겠어? 너를 관두면 정말 소중하고 사랑스러운 것들로 빈 마음을 채울 거야. 사랑은 매번 이런 식으로 나를 슬프게 하지만.

우리의 동그라미 지구

⑥⓪

이제 될 것도 같아
너 대신 너만큼 사랑할 무언가
온유한 마음으로 무사히
고마웠어

約束のカタチ

결이 이는 바다. 투명히 헤엄치는 해파리. 눈이 녹다가 얼어 버린 골목. 손톱으로 눌러 적은 문장과 보풀이 일어 구질구질해진 고백.

꼭 다시 만나자는 약속을 기억해?

우리의 동그라미 지구

⑥

이마를 맞대고 들이마시는 숨은 불타오를까, 녹아내릴까. 정말로 사랑한다고 했잖아.

존재하는 것들 중에 가장 크거나 소중한 것을 사랑에 빗대는 무모함을 좋아해. 때로는 존재하지 않는 것들도 약속의 조건이 되곤 하는데 대체로 그건 <영원>이 아닐까. 너는 우리를 영원히 사랑할 수 있니. 나는 영원도 사랑도 믿지 않아. 믿지 않는 것을 지킬 수는 없으니 자격 미달이지. 너는 사랑도 영원도 믿는 것 같아. 그래서 그런 것들을 모두 껴안고 지키기 위해 살아 있는 걸까. 사랑을 행하는 자들이 지구별의 적자로서 생존하고 있어. 아무래도 사랑 없이 살기에는 비참한 세상이잖아. 사랑하지 못하는 사람들은 머지않아 멸종하겠지. 믿음과는 상관없이, 사랑으로 가득히 영원한 지구를 상상해. 그 근사한 곳에 나는 없겠지만 네가 있잖아.
너는 나의 커다란 공룡이야.

너는 머무르지 못했어. 마음을 먹고 떠났지. 영원은 이런 느낌이구나. 돌아오지 않겠다는 뒷모습을 봤어. 그래 나는 네가 돌아올 때까지 기다릴 거야.

우리의 동그라미 지구

⑥³

낭만은 우리 안에서 피어나
나를 벗어나 푹 꺾여 죽어 버리고

유난스럽게 단 꿈은 짧게 스쳐 간다. 눈을 더 붙이고 싶지만 그럴 수 없을 때, 가장 마음에 들 것도 같은 장면에서 알람이 울린다. 나는 깨어나고 고요함 속에 갇혔다가 다시 눈을 뜨면 늪 속. 진창의 혼잣말을 곱씹다가 허우적거리다가 진흙을 온통 입안에 머금었다가 토했다가 낯설고 벅찬 행위에 눈물이 나면, 목울대를 꽉 메우는 절망이 들이닥치면, 나의 낭만은 어디서 죽어 가는지 알 것도 같다. 나는 조금 더 잘 살고 싶었어. 목 끝에서 쇠맛이 나고 삼켜지는 건 피. 피가 섞인 침이 식도를 타고 넘어갈 때 쓰라림은 기도까지도 번지는 것 같다. 그렇게 착각하면서. 시를 쓰는 사람이 되고 싶었을지도 모르는 어제의 나에게 남기는 유언. 낭만은 우리 안에서 피어나 나를 벗어나 푹 꺾여 죽어 버리고. 낭만은 내 안에서 피어나 우리를 벗어나 푹 꺾여 죽어 버리고. 구원 당할지도 윤회 당할지도 모르는 나의 낭만에게. 잃어버린 마음에게. 스쳐 가는 달고 짧은 꿈에게. 나의 진창을 사랑하는 당신께.

우리의 동그라미 지구

⑥④

너는 분명 말했을 거야 살려 달라고
사랑한다는 말을 꺼내어 보는 아침. 어렵지 않은 말들로 표현하고 싶은 사랑을 아시나요. 머물러 있는 동안 쓴 글들은 비슷해요. 내가 가진 단어들로 만들 수 있는 문장이 그리 많지 않거든요. 그래도 나는 매번 사랑을 담았어요. 나의 사랑은 시기와 연민, 결핍과 동경을 모두 말하니까. 우리는 같은 단어를 다른 뜻으로 말할 수도 있잖아요. 아니, 이런 억지 때문에 나의 사랑이 당신의 마음에는 와닿지 못했나요. 사람들이 말하고 쓰는 것을 지켜보면서 나의 활자와 언어가 얼마나 작은지 깨달아요. 펼쳐 보면 그랬을 거예요. 모자라고 볼품없는 모습의 작은 사랑이 외로이. 부족한 마음이지만 또 바라는 것은 우리의 안녕과 평화, 기약 없으나 반드시 은은히 빛날 사랑을 담아 적었어요.

우리는 괜찮을 거라고 했잖아. 어쩌면 너의 말 그대로 잘 될 것 같다고도 생각했는데. 나는 무참히 외로워.

울 때마다 글을 쓰기로 다짐했어. 한동안 글을 쓰지 않는다면 울지 않았다는 거겠지? 아니면 울지 못했다는 걸지도 몰라. 그리고 오늘은 울었다는 말이 되겠지. 사람들은 글에 어떤 마음을 담을까? 나는 종종 생각했어. 나의 글에도 어떤 힘이 있는지. 네가 나와 같이 울어 줄 수 있는지. 내가 너를 끌어안고 울 수 있는지. 그런 생각을 마저 해. 누군가를 구원하려는 마음으로는 아무도 구할 수 없다고. 사람들이 나를 핑계 삼아 울었으면 했어. 아마 이런 마음으로는 아무도 울릴 수 없을 테니까 나의 글은 늘, 바싹 말라 부서지기만 할까.

⑥⑥

취하고 싶은 마음을 이해한 지 얼마 되지 않아, 어지간히 마시지 않고는 취하지도 않는다는 걸 알았다. 취하지 않고 우는 방법을 연구하다가 비참해졌고. 훌쩍 넘어와 영영 다시 누릴 수 없는 것들을 어째서 사랑하게 될까. 나의 사랑은 늘 이룰 수 없이, 병도 절망도 아닌 말라비틀어진 공허함. 너를 시기해 자꾸만 미워한다.

도망칠 수 없어 괴롭다. 나는 나를 책임지는 일로부터 멀어지고 싶다. 틀 속에서 유연하지 못한 마음은 뒤틀려 가는데 하고 싶은 일이라고는 다 때려치우고 쉬는 일뿐이라 이루기가 쉽지 않다. 마지못해 성의 없이 해치우다가 깜빡하는 일이 잦다. 왜 그렇게 약하고 미련한 소리만 하냐고 구박해도 어쩔 수 없고 하고 있는 일들이 무슨 소용이 있는지 모르겠다. 벗어나고 싶다. 무엇으로부터? 책임져야 하는 모든 것들로부터. 내가 이루고픈 "이상적인" 도피는 비용과 책임이 든다. 이상적이지가 않다. 아무것도 안 해도 괜찮고 싶다. 어떤 궤도에 안착하고 싶던 낙하자는 금세 궤도를 이탈하고 싶어졌다. 잘못 착지한 궤도로부터 도망치고 싶다. 또 다시 방황한다.

무엇이 우리를 슬프게 할까

마음은 고장 나서 이유를 알 수 없고

가만히 누워 바닥에서 울리는 소리를 들어

깊은 땅 아래가 아니라

내 속에서 울리는 심장 소리가

바닥에 튕겨져 나오는 걸 알까

숨을 쉬어야지

손가락을 움직이고

아- 하고 소리를 내어야지

두려워하고 안도하면서

머리를 곧게 두어야지

우리의 집은 어딜까

우리의 동그라미 지구

체감하지 못하는 시간 속에 우리가 있어요. 행성은 각자의 자리가 있고 지구는 돌고 있죠. 당신과 나에게도 어떤 궤도가 있을 거예요. 고유한 속도로 나아가고 머무르고 돌아오고 떠나면서.

어떡하지, 자꾸만 홀로 표류하고 싶어진다.
어떤 것들로부터 도피하고 싶어
아무것도 남기고 싶지 않을 때

그러면 너무 외롭지 않나요.

같이 울기 아니면 같이 웃기. 지금도 막연히 돌아가고 싶은- 커다란 밤나무가 있던 옛 집에서는 할머니가 나를 키웠다. 배고프다고 할 때마다 양껏 챙겨 주던 식사와 간식에 잘 불었고, 유치원을 다녀와 가방 속에 있던 것들을 할아버지 할머니께 자랑하던 날을 기억한다. 할머니에게서 민화투를 배웠다. 할머니에게 질 수밖에 없었던 어린 날을 지나 자라서는 일부러 졌다. 할머니가 가진 패가 많아야 오래오래 점수 계산을 하실 테니까. 할머니가 방금 물어본 것들을 몇 번씩 다시 물어보는 시간이 많아졌다. 나는 같은 대답을 몇 번씩 해드렸다. 대답할 때마다 처음 듣는 듯한 반응을 나는 좋아한다. 할머니가 비행기를 타고 떠나는 꿈을 꾼 날에는 아빠에게 할머니를 보러 가자고 한 적이 있고 할머니의 손을 잡고 찍어 둔 사진이 몇 장쯤 된다. 알고 있어도 어쩔 수 없는 것들이 있다. 울고 싶지 않아도 울 수밖에 없는 일이 있고 그런 일은 당장 지금, 내일, 아니면 아주 운 좋게도 머나먼 날일 수도 있다. 할머니는 더 오래전부터 아프셨겠지만 최근 나의 몸살이, 지난 집들을 향한 그리움과 서러움이 이 소식과 무

우리의 동그라미 지구

관하지 않으려나. 할머니의 나이는 아흔 다섯. 나의 나이가 스물 여덟. 스물 셋 넷 다섯 때 나이를 말해 주면 깜짝 놀라며 시집가야겠다고 말하던 할머니가 재밌었다. 아직도 할머니 댁에 있는- 지난날 같이 덮었던 초록 이불을 뜯어 잡고 우는 날이 올까. 할머니의 손을 꼭 붙잡고 있던 날을 생각한다. 우리에게 주어진 시간을 알 수 없어서 허망한 마음으로.

나는 할머니와 할아버지에게서 다정과 사랑을 배웠다. 할머니의 죽음이 나의 어린 시절을 종말시키는 것 같아 분해서 운다. 어릴 때 막연히 나의 결혼식에 한 자리를 차지했을 할머니를 상상한 적이 있다. 할머니가 앓아눕기 전 같이 찍은 사진을 본다. 사진을 피하던 할머니가 활짝 웃어 주신 건 아마 나중에 이런 날 꺼내 보라고 미리 주신 선물이었을지도 모른다. 할머니와 주고받은 사랑의 크기와는 별개로 손녀의 자리는 장례식장에서 별 볼 일 없이 작더라. 집으로 돌아오는 길에서 그럼에도 나는 할머니와 내가 분명 이어져 있다고 믿었다. 믿는다. 할머니가 마지막 숨으로 찾은 이름이 나였다는 말에 처음으로 무너져서 운다는 말의 뜻을 정확히 알게 됐다. 나는 올해 1월과 2월, 꼭 쥐었던 할머니의 손을- 손의 온기를 기억한다. 오래도록 슬퍼하고 오래도록 그리워하고 오래도록 할머니가 내게 준 모든 것들을 하나하나 떠올릴 거다. 볕이 좋다고 생각했다. 모처럼 따뜻해서 날이 좋다고 생각했다. 봄의 먼지가 맡아지는 맑고 따스한 날 점심에 할머니는 떠났다. 전화 너머 울먹이는 아빠의 목

우리의 동그라미 지구

소리를 듣고 생각했다. 날이 좋아서 다행이다. 할머니의 긴 산책을 응원했다. 그리고 감히 안다. 할머니는 이 끝에 병원에 모셔지는 게 싫었을 거라고. 이것저것 달고 사람들에게 몸을 보이는 것을 나의 할머니는 정말 싫어했을 거라고.

드는 마음을 꺼내어 적으려고 하면 우는 것조차 감당의 범위를 넘어서는데 엄마가 왜 우냐고 물었다. 엄마도 얼굴이 온통 빨갰다. 손녀가 할머니의 죽음을 슬퍼하는 건 당연한 거라고 슬프지 않으면 이상한 거라고 했다. 엄마가 고개를 끄덕였다. 나를 사랑한, 내가 사랑한 이들이 떠나는 것이 결코 나를 두고/버리고 가는 것은 아니라고 몇 번씩 문장을 고친다.

다시는 돌아오지 않을 계절의 마지막을 목격한다. 나는 나의 최대 저속으로 걷고 싶어진다. 우뚝 멈춰 선 날들이 훨씬 많다고 해도 상관없다. 할머니께 마지막으로 소리 내어 고맙단 말을 했다. 평소처럼 크게 할머니를 부르고 싶은 마음과 달리 목소리가 작아졌다. 엄마와 아빠의 손을 붙들고 있었다. 눈물이 검은 치맛자락 아래로 후드득 떨어지는데 숨기지 않고 울 수 있다는 개운한 사실만으로 견뎠다. 할머니는 작고 고우셨다. 할머니의 몸에는 우리의 울음과 사랑의 숨결이 뒤엉켜 묻어 있을 것이다. 괜찮다는 말이 가짜로도 나오지 않을 만큼 안 괜찮다. 없는 정신에도 두 번쯤은 할머니를 붙잡고 싶어 고래고래 소리치고 싶었다. 그치만 내가 배운 사랑은 그런 것이 아니기에. 내가 배우고 알게 된 사랑과 다정을 생각한다. 할머니 손에서 내게로 와닿은 온기 같은 것들로 나는 살아갈 수 있다. 할머니. 제가 정말 많이 사랑해요. 오래도록.

4번 고별실에서 떠나보낸 할머니는 일곱 번째 화로에서 가루가 되었고 막내 고모부 옆자리에 안치되셨다. 첫날과 달리 흐리고 쌀쌀해져서 할머니의 걸음을 걱정했다. 유골함을 쓰다듬을 때는 울지 않았다. 허물어진 (구) 버스터미널 앞을 지날 때 할머니와 함께 올랐던 버스가 생각났다. 툭하면 울 것 같다. 이토록 슬플 만큼 사랑을 주고받은 할머니와 손녀를 기쁘게 생각한다. 할머니로부터 온 사랑을 아는 내가 기특했다. 그런 사랑으로 키워진 내가 여기에 있다. 다정과 사랑으로 살아가는 날들이 여기에 있다.

2024.03.04.-03.06. 순애와 지현.

우리의 동그라미 지구

◯

당신과 내가 같은 세상에서 숨 쉬는 것만으로도, 숨 쉰 적이 있다는 사실만으로도 기적 같은 일이라는 걸 몇 번이고 떠올린다. 어마어마한 숫자의 경우 중 하나. 우리는 우주에서도 지구라는 작은 행성에 태어나고 죽는다. 내가 사랑한 것들이 여기에 있었고 동시에 여전히 있다는 걸, 날 두고 무참히 떠난 것은 하나도 없다는 걸, 상태의 변화일 뿐 모든 것은 우주의 일부로 존재한다는 걸 잊지 않아야 한다. 물론 실존에 대한 의문보다는 그리움과 보고 싶은 마음의 문제, 정든 것들을 영원히 껴안고 살고 싶은 마음의 문제로 영영 울게 되지만. 모두 마땅히 자연스러운 것으로.

흙을 밟고 살아야 하는 시골에서 태어나 살아온 나는 아파트로 이사 오고 작은 향수병을 앓았다. 앓고 있다. 햇빛과 햇살이 들던 지난 집들을 그리워하던 중 그 집들과 같은 할머니가 얼마 전 떠나셨다. 나의 사랑의 출처가 할머니와 마주 잡은 손 안에 있었다. 언젠가 나의 마음이 당신에게– 그럼에도 살아가는 것에 대한 여지를 주면 좋겠다는 오만한 생각을 한다. 우리가 주고받은 마음이 시간이 지날수록 곱고 반질반질하게 빚어져 만지기 좋은 것이 되길 바란다. 우리가 사랑하기로 선택한 것들이 전부 우리의 하늘과 땅과 풀과 나무가 된다는 걸 알고 있다. 당신이 내게 준 다정과 걱정이 있다. 동그란 것들은 잘 구를 테니 내게 온 것들이 다시 당신에게로, 그러니까 우리 사이를 마구 구르는 모습을 상상한다. 다져진 흙 위를 우리가 걷고 있다. 흙을 밟아 앞으로 나아가고 있다. 볕을 보고 있다. 비를 맞고 있다.

우리의 동그라미 지구

네가 자유대로 담아 온 바다가 예뻐. 그건 오래 기다린 밤이기도 했고 보석이기도 했고 찰랑거리는 비단이기도 했어. 일렁이는 파도가 부서져 빛이 될 때, 그런 자유가 우리에게도 있나 싶어져. 네 이름과 얼굴이 곳곳에서 보여. 바다야, 내게도 밀려와. 오랜 밤 같기도 하고 보석 같기도 하고 비단 같기도 한 것들이. 잠깐의 빛으로 기억하고 싶은 것들이.

우리의 동그라미 지구

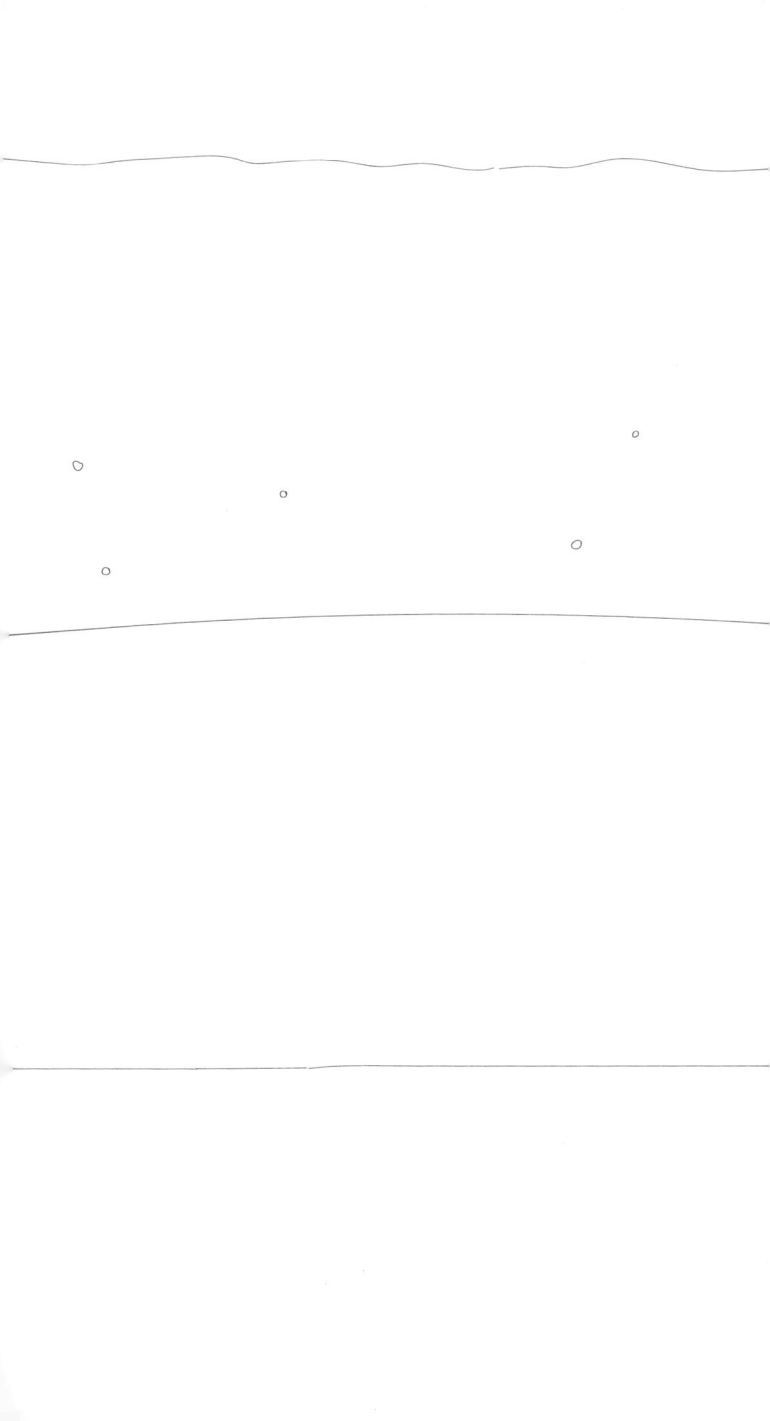

숨 시리즈 11
우리의 동그라미 지구 – 김지현 에세이
© 김지현 2024

초판 1쇄 발행 2024년 7월 22일

지은이 김지현
펴낸이 홍예지
편집 홍예지
디자인 찬다프레스

펴낸곳 아름다움
출판등록 2018년 1월 8일 제2024-000054호
주소 06233 서울특별시 강남구 강남대로84길 23, 제1214호
전자우편 areumdaumbooks@gmail.com
팩스 02) 6008-6477
홈페이지 areumdaumbooks.modoo.at
인스타그램 @areumdaumbooks

ISBN 979-11-91304-18-3 (03810)

이 도서의 판권은 지은이와 아름다움에 있습니다. 이 도서 내용의 전부 또는 일부를 재사용하려면 반드시 양측의 서면 동의를 받아야 합니다.